AF242640

Eugène PROTOT

Les

MANIFESTES

DE LA

Commune Révolutionnaire

CONTRE

LE PREMIER MAI

PRIX : 15 CENTIMES

A^d HUE, Imprimeur

14 — Rue de la Folie-Regnault — 14

PARIS

.... On trouve
là-dedans cette racaille de la capitale, ces couches de
prolétaires guenilleux... p. 9

AVANT-PROPOS

Le premier *Manifeste de la Commune Révolu-tionnaire contre le 1er Mai* (29 avril 1892) déconcerta les organisateurs de cette machination allemande. Le deuxième (30 avril 1893) leur aliéna les socialistes indépendants. Entre-temps le *Manifeste au Peuple de Marseille* (20 septembre 1892) avait porté un coup mortel à la section d'Internationale qui venait de décerner le triomphe à un ancien agent de M. de Bismarck.

Nous avions beau jeu contre les inventeurs du 1er Mai.

Les religions ne se fondent que par l'imposture et le martyre.

L'imposture n'a guère d'avenir aujourd'hui et le martyre n'est pas dans les goûts du syndicat de marxistes auxquels une de leurs âmes damnées, l'italien Cipriani vient d'écrire : « Vous êtes des " décomposés ", des " trinqueurs ", des " peureux ", des " lâches déguisés " ! (28 avril 1895).

Le moyen de fonder une religion avec des apôtres de cette valeur là !

Mais les *Manifestes de la Commune Révolution-naire* n'ont pas eu pour unique objet d'éclairer les socialistes français sur les origines et la portée écono-mique du 1er Mai.

Un officier prussien a dit récemment à Guillaume II et au Grand État-Major allemand : « Voilà, si vous le voulez, le deuxième moment psychologique arrivé pour la France. Proposez à cette nation le désarmement et tombez sur elle avec vos alliés si elle n'accepte pas » !

Cet officier de guet-apens s'appelle Engels.

Il est le chef des social-démocrates allemands députés au Reichstag, l'inspirateur de tout ce que font dans l'intérêt de l'Allemagne les Bebel et les Liebknecht ses lieutenants et de tout ce que ces derniers font faire aux internationalistes marxistes de France.

Nous avons pensé qu'il serait utile de révéler à la démocratie socialiste française cette monstrueuse association de vrais allemands et de mauvais français.

Nous avons entrepris cette tâche et nous nous réjouissons de notre succès.

Paris, le 30 avril 1895.

Eugène **PROTOT.**

1ᵉʳ MAI 1892

Manifeste

DE

La Commune Révolutionnaire

CONTRE LE PREMIER MAI

CITOYENS,

Vous êtes conviés à des manifestations pacifiques en faveur de la journée légale de huit heures.

Nous venons vous dire quels intérêts de parti et quelles considérations de dignité republicaine nous interdisent à nous, vieux soldats de la Révolution, de prendre part à ces manifestations.

Nous restons d'avis que la limitation des heures de travail serait un leurre, parce qu'elle n'offre aucune garantie contre le chômage, le déplacement ou la ruine des industries.

En cette année 1892, au moyen d'un petit nombre d'ouvriers auxiliaires, travaillant seulement deux ou trois heures par jour, l'outillage industriel actuel serait en état de suffire à tous les besoins de la société.

A côté de la machine, producteur puissant, discipliné, docile, infatigable, sourd aux appels de la grève, aussi conscient et aussi apitoyable que le patron son maître, que deviendra la grande foule des inhabiles, des faibles, des malades et des vieillards ?

Est-ce à dire que la durée du travail quotidien ne doive pas appeler l'intervention du législateur? Tel n'est pas notre sentiment.

Mais nous pensons que ces questions de durée de travail, de travail de nuit, de travail des enfants et des femmes, de même que celles de l'hygiène des ateliers et des habitations, sont d'ordre communal et corporatif et que leur réglementation, loin de nécessiter une législation internationale qui ne pourrait être que l'œuvre de parlements monarchiques et oligarchiques, doit être laissée, dans l'intérêt du Peuple, au Peuple lui même, c'est-à-dire à la Commune et à 'a Corporation.

Les substituer dans les préoccupations de la Démocratie aux Droits naturels de l'Homme qui sont : l'Egalité, la Liberté et la Propriété sous sa forme individuelle et collective, c'est renoncer criminellement au nom du Peuple à des droits dont le Peuple même n'a pas la libre disposition ; c'est reconnaître pour légitime la co-existence d'une classe exploitante et d'une c'asse exploitable ; c'est donner une consécration publique et solennelle au patronat ; c'est sanctionner le salariat.

Il y a un quart de siècle, en plein Empire, Paris s'agitait pour les Droits de l'Homme ; Paris demandait, par ses socialistes : pour l'ouvrier, l'usine ; pour le cultivateur, la terre ; pour l'employé, l'emploi ; la production de tous et le bien-être pour tous, tout le Droit, toute la Révolution.

Aujourd'hui, sous la République dont les fortes assises ont été scellées du sang de quarante mille fédérés, Paris accepte pour programme de l'avenir le réglement des prisons de Prusse : huit heures de travail effectif, le repos du dimanche et le nettoyage de l'atelier.

La manifestation du 1er Mai n'est donc, malgré l'engouement dont elle est l'objet, qu'une reculade et presque une apostasie du prolétariat.

Et pour ce résultat néfaste le peuple est sollicité de courir les mêmes risques et de faire les mêmes sacrifices que s'il s'agissait d'un dernier effort pour sa victoire et son salut.

Cet aveuglement lamentable du Peuple est la conséquence de la défaite de Paris en 1871.

Paris vaincu, ses soldats, ses héros couchés dans les tranchées des barricades, le socialisme égalitaire français s'est laissé envahir par le socialisme esclavagiste allemand.

Et elle est aussi allemande qu'esclavagiste, cette fête internationale du 1er mai !

Qui sont en effet ses initiateurs ?

Des internationalistes ?

Des républicains ?

Des socialistes ?

Ses initiateurs sont les chefs du socialisme officiel allemand, les députés au Reichstag de Berlin : Bebel, Liebknecht, Singer, Grillenberger.

Sont-ils internationalistes, ces Bebel et ces Liebknecht qui, depuis vingt ans, fortifient la centralisation allemande pour compléter l'œuvre bismarckienne de 1871, qui aident l'Empire à germaniser ses conquêtes du Nord, de l'Est et de l'Ouest ; qui fondent des journaux dans les pays annexés, non pour l'instruction démocratique, mais pour l'assimilation des peuples conquis ; qui souscrivent avec ostentation aux monuments commémoratifs des victoires allemandes ; qui, fanatiquement attachés à leur *Deutsches Vaterland*, intriguent en France pour y tuer l'idée de patrie et qui, tout récemment, sous prétexte de solidarité ouvrière et au cri de : « A bas la France », enlevaient Mulhouse et tentaient d'enlever Strasbourg et Metz à la protestation du Droit contre la Force ?

Est-il internationaliste, ce Liebknecht qui, en 1871, demandait que la France fût écrasée d'une indemnité de vingt milliards. dépouillée de ses forteresses, de sa marine de guerre, placée à perpétuité sous la surveillance d'une haute police militaire allemande, réduite à une pure expression géographique ?

Sont-ils internationalistes, ces députés qui, chaque jour, dans leur parlement d'empire, saisissent toutes les occasions de menacer la France ?

Ecoutez Bebel : « A la guerre prochaine, les socialistes allemands feront leur devoir contre la France. » (Reichstag, séance du 12 février 1892.)

Ecoutez Liebknecht : « Si la guerre vient à éclater entre la France et l'Allemagne, le peuple allemand tout entier sera uni contre la France. » (Reichstag, séance du 26 mars 1892.)

Ecoutez de Wollmar : « Nous marcherons jusqu'au dernier homme contre la France. » (Discours à Munich, septembre 1891).

Sont-ils du moins républicains et socialistes, ces initiateurs allemands de la fête du 1.er Mai ?

Aussi républicains et aussi socialistes qu'internationalistes ; se disant indifférents à la forme du gouvernement, mais préférant l'empire à la démocratie ; s'agenouillant le front dans la poussière pour recevoir les rescrits impériaux ; guerroyant contre le petit atelier, mais vivant en paix avec les possesseurs de fiefs, les burgraves et les junker ; communiant avec les curés, les pasteurs et les évêques et recommandant aux socia-

listes le payement des subventions aux églises ; dénon-
çant les républicains aux gouvernements et aux juges
royalistes ; réclamant la hache de l'exécuteur pour les
révolutionnaires.

Connaissez maintenant, citoyens, l'humanité des faux
socialistes allemands.

Lorsque il y a deux mois, sous l'âpre rafale du Nord,
douze mille ouvriers sans travail parcouraient les rues
de Berlin implorant « du travail ou du pain », voici
comment, dans leur journal *Vorwærts*, les Bebel et les
Liebknecht accueillaient le cri d'angoisse de leurs mal-
heureux compatriotes.

Vorwærts du 27 février : « Qui sont les auteurs et les
complices des incidents de ces derniers jours ? Ces
prolétaires en loques, sortis des couches les plus
diverses de la société, cette foule de déclassés, de
misérables, de dépravés, de criminels, de spadassins,
de souteneurs, qui trouvent alternativement leur exis-
tence à la maison de correction et au dépôt de mendi-
cité. »

Vorwærts du 28 février : « ... Les manifestations de
Berlin sont un vacarme de gens en haillons. On trouve
là-dedans cette racaille de la capitale, ces couches de
prolétaires guenilleux qui entretiennent des relations
intimes avec les classes dirigeantes. »

Vorwærts du 29 février : « ... Avec les escrocs, les
filous et les exploiteurs marchait cette racaille en gue-
nilles qui est toujours l'escorte de la bourgeoisie,
rôdeurs et vagabonds qu'on met au mur et qu'on fusille
dans les jours de révolution »

CITOYENS,

A vous de dire si les Bebel et les Liebknecht n'étaient

pas dignes de figurer dans les saturnales sanglantes de la réaction versaillaise.

Et on vous demande de fraterniser avec ces délateurs d'hier, proscripteurs de demain, de vous déclarer *identiques* à eux, de vous solidariser avec leurs menaces à la Révolution et leurs appels sauvages à la haine de leurs concitoyens sans travail !

Abstenez-vous, nous vous en adjurons.

Vous n'avez rien de commun avec eux.

Vous êtes pour la Liberté ; ils sont pour l'autorité. Vous êtes égalitaires ; ils sont esclavagistes. Vous êtes libres-penseurs ; ils sont mômiers. Vous êtes pour la Raison ; ils sont pour Notre-Dame. Vous voulez la fraternité des peuples ; ils préparent l'hégémonie de l'Allemagne. De Paris, cœurs loyaux, vous leur criez : « Paix ! » ; de la tribune du Reichstag, ils répondent : « Guerre ! »

Abstenez-vous.

Ne soyez ni dupes ni complices des chauvins et des réacteurs allemands.

20 SEPTEMBRE 1892

Manifeste

DE LA COMMUNE RÉVOLUTIONNAIRE

au peuple de Marseille

Citoyens de Marseille,

Il faut en finir avec les équivoques.

Vous allez recevoir dans votre cité républicaine deux chefs du parti socialiste allemand, deux députés au Reichstag allemand, Bebel et Liebknecht.

Saisissez cette occasion de vous expliquer avec eux sur le rôle du socialisme international allemand depuis 22 ans.

Tous les socialistes d'Europe vous écoutent.

On a créé sur Bebel et sur Liebknecht des légendes destinées à égarer votre patriotisme et à tromper votre bonne foi républicaine.

On vous a dit que ces deux Allemands avaient autrefois proposé au Reichstag la rétrocession de l'Alsace-Lorraine à la France.

C'est un mensonge !

Ils se vantent eux-mêmes d'avoir souvent protesté contre l'annexion des deux provinces à l'Allemagne.

C'est une imposture !

Prévoyant en 1871 que l'annexion de l'Alsace-Lorraine amènerait fatalement l'alliance de la race slave et de tout ou partie de la race latine, ils ont été d'avis, au contraire, que l'Allemagne devait en finir avec la France, l'écraser d'une indemnité de *vingt milliards*, réduire son armée au rôle d'une milice policière, et tenir garnison allemande à perpétuité dans ses forteresses, ses ports de guerre et ses colonies ; en un mot, annexer la France entière à l'Allemagne.

Ils se montraient donc plus haineux que M. de Bismarck, que le grand État-Major et le parti militaire allemand.

Voulez-vous savoir leur opinion véritable sur la dernière conquête de l'Allemagne ? Ecoutez-les dans leurs réunions intimes de parti et au Reichstag allemand.

Le 18 octobre 1890, Bebel disait à ses électeurs de Hambourg : « Jamais je n'admettrai que l'Allemagne « rende l'Alsace et la Lorraine à la France » èt, le 4 mars dernier, Liebknecht, parlant au Reichstag de l'annexion de l'Alsace-Lorraine, renouvelait sa déclaration du 28 novembre 1888 : « que ses amis et lui sont bien décidés à ne pas laisser amoindrir la patrie allemande ».

Pour défendre l'œuvre de violence édifiée par l'Allemagne féodale, Bebel et Liebknecht promettent à l'Empire le concours de tous les socialistes allemands. « Nous tous, socialistes allemands, a dit récemment Bebel au Reichstag (4 mars 1892), nous ferons notre devoir contre la France. »

Trois semaines après (26 mars), Liebknecht prenait le même engagement solennel : « que la guerre éclate entre l'Allemagne et la France ou la Russie, le peuple allemand tout entier sera uni contre la France ou contre la Russie ».

Citoyens de Marseille,

On vous a dit que Bebel et Liebknecht sont des internationalistes, des partisans de l'égalité de toutes les races et de l'indépendance de tous les peuples.

Demandez-leur pourquoi, s'ils sont internationalistes, ils ne poursuivent que le triomphe de l'hégémonie de l'Allemagne ?

Pourquoi ils réclament la destruction, par n'importe quels moyens, de la nation russe et du peuple russe dans l'intérêt de l'Allemagne ?

Pourquoi ils veulent reconstituer — toujours dans l'intérêt de l'Allemagne — une Pologne dans laquelle n'entrerait pas une parcelle des territoires polonais autrefois annexés par la Prusse et par l'Autriche et qui ne serait exclusivement composée que de provinces russes ?

Pourquoi ils font pour l'Empire d'Allemagne ce que les administrations allemandes et la diplomatie allemande ne peuvent pas faire elles-mêmes ? Pourquoi ils intriguent pour germaniser les habitants d'Alsace-Lorraine et pour gagner à la Triple-Alliance les partis ouvriers et les écoles de toute l'Europe ?

Demandez-leur pourquoi, après la mort de de Moltke, ils se sont associés au deuil de l'Empire et se sont tenus debout avec les trente-quatre autres députés socialistes pendant que le Président du Reichstag prononçait l'oraison funèbre du tueur d'hommes ?

Demandez-leur pourquoi ils s'occupent avec acharnement à réorganiser l'armée allemande, à la rendre plus forte et plus capable d'étendre les frontières allemandes ?

Demandez à Bebel pourquoi il veut que « *chaque soldat allemand se précipite avec joie sous le drapeau ?*

Pourquoi et à quelle fin il presse le gouvernement de l'Empire d'organiser *la levée en masse de toutes les forces allemandes* (Reichstag, 25 juin 1890), alors qu'en France ses amis, les chefs marxistes, se préparent à « sauter sur le Ministère de la Guerre et à l'anéantir pour paralyser la mobilisation française » aussitôt que les uhlans du 15e corps d'armée allemande auront passé la frontière ?

Demandez à Bebel et à Liebknecht s'il est loyal de la part des Allemands d'aiguillonner le sentiment patriotique des Allemands et de déprimer le sentiment patriotique des Français, d'ériger en dogme national l'intégrité de l'Empire allemand ; de pratiquer en même temps des manœuvres séparatistes en France et de fournir à M. Lafargue, gendre du prussien Karl Marx, le moyen d'écrire à Paris : que « la Patrie est une blague bourgeoise .. », que « la France est un produit de la force brutale », que « Nice a été escobardée à l'Italie » et que la France n'en a pas pour longtemps ?

CITOYENS DE MARSEILLE,

On vous a dit encore que Bebel et Liebknecht sont des libres-penseurs, des socialistes, des démocrates, des révolutionnaires.

Ce sont des libres-penseurs qui font la guerre à la libre-pensée, qui protègent les jésuites, qui après avoir soutenu que la religion est affaire personnelle en ont fait une affaire d'Etat ; qui font payer les subsides aux diverses Eglises ; qui font élire des socialistes comme sacristains, membres des conseils de fabrique; qui déclarent apprécier les *bons côtés* de la Bible et demandent que l'enseignement religieux soit donné dans les écoles primaires.

Ce sont des socialistes impérialistes, évangélistes et *scientifiques* qui ne veulent rien savoir des Droits de l'Homme, mais qui enseignent la légitimité du patronat et celle du salariat ; qui occupent le peuple de loteries comme d'autres l'occupent de courses ; qui tracassent et boycottent des petits boutiquiers pour des affaires de rien et laissent dans une sécurité parfaite les grands capitalistes et les grands propriétaires terriens.

Ce sont des démocrates qui reconnaissent que la monarchie a des « Droits » et qui n'admettent actuellement pour forme de gouvernement que la forme impériale.

Ce sont des révolutionnaires qui s'engagent à ne jamais faire de Révolution (Bebel à Halle, octobre 1890) (Liebknecht à Erfurt, 1891) parce qu'ils ont peur d'être « fusillés comme des moineaux » (Bebel à Erfurt) ; qui déshonorent et font mourir de faim, même à l'étranger, même en exil, ceux qui ne veulent pas subir et servir leur dictature ; et qui, en février dernier, en appelaient aux balles impériales et aux juges royaux contre les douze mille ouvriers sans travail qui demandaient leur pain dans les rues.

CITOYENS DE MARSEILLE,

Dites à ces deux Allemands que l'Europe souffre du mal allemand, du militarisme allemand et du socialisme allemand.

Dites-leur que le sang généreux des révolutionnaires français a seul coulé depuis cent ans pour l'affranchissement du monde.

Dites-leur que les temps héroïques qui ne sont pas encore finis pour notre race gauloise ne sont pas encore commencés pour la race teutonne.

Dites-leur enfin que pour prix de l'hospitalité qu'ils reçoivent chez vous, vous ne leur demandez que le service d'emmener à Berlin ceux qui les ont amenés à Marseille.

Paris, 20 septembre 1892.

...........pour fusiller Lainé et Campigny à Forest ; Debergue à Bougival ; Debordeaux à Pasly ; Létoffé, Dequire et Poulette à Vaurezis et des milliers d'autres.

P. 19

1ᵉʳ MAI 1893

Manifeste

DE LA

COMMUNE RÉVOLUTIONNAIRE

Aux Travailleurs de France

TRAVAILLEURS DE FRANCE !

Une fois de plus un audacieux guet-apens est tendu à la Démocratie française et au Prolétariat français.

Une fois de plus, sur un mot d'ordre parti de Berlin, vous êtes appelés à une manifestation de 1ᵉʳ Mai.

Qu'est-ce donc que cette manifestation du 1ᵉʳ Mai ?

Quelque chose de moins qu'une bacchanale antique, une kermesse de richards, de repus, de privilégiés de la rente et du travail, une fête allemande dans laquelle les esclaves modernes apostasient, répudient leur qualité d'hommes, implorent de meilleurs traitements, s'agenouillent devant le maître et reconnaissent la légitimité de leur servitude.

Et qui l'a ordonnée cette manifestation esclavagiste ?

Une mission militaire allemande à Paris.

Oui ! 90 officiers, sous-officiers et soldats d'armée active et de landwehr impériale, royale et grand'ducale, réunis, en 1889, aux gendres et aux filles du prussien Karl Marx, ont décidé que tous les ans, le 1ᵉʳ Mai, vingt-deux millions de travailleurs français obéiraient aux sommations d'une agence politique allemande, que toutes les garnisons de France seraient en mouvement et que Paris serait en état de siège.

Et pendant que les choses se passent en France, comme les socialistes de Guillaume II l'ont décrété, comment manifestent ces socialistes en Allemagne ?

En 1890, le *Vorstand* — comité directeur du parti — intime l'ordre aux ouvriers allemands de travailler toute la journée du 1er Mai et d'éviter les rassemblements dans les rues. Et le *Vorstand* est obéi.

En 1891, le même *Vorstand* et les députés de son opinion au Reichstag, font célébrer le 1er Mai le dimanche suivant, pour éviter des conflits avec les patrons. Et le *Vorstand* est encore obéi.

En 1892, les faux social-démocrates allemands émigrent en masse vers les champs et laissent leurs gouvernements et leurs polices émerveillés d'une ruse qui, peut-être, à la même heure, fait couler des flots de sang sur toutes les places publiques de France.

Ruse de guerre, d'une espèce nouvelle, qui peut, au besoin, donner aux gallophages d'outre-Rhin les moyens de causer des séditions où et quand il leur plaît ; de provoquer des mouvements séparatistes au nord, au centre, au sud et à l'ouest de la France ; de livrer Dunkerque, Calais, Lille, Roubaix aux intrigues des flamingants ; de ressusciter Précy à Lyon, Charette en Vendée ; d'appuyer une invasion de la Provence par les 80,000 Italiens de Marseille ; de livrer Bordeaux à Philippe VII, comme les royalistes de 1814 l'ont livré au duc d'Angoulême ; en un mot, de se rendre maîtres de la mobilisation française.

Travailleurs de France !

Il faut que vous connaissiez les artisans de la machination allemande.

C'est d'abord le chef de tous les socialistes allemands, l'ancien complice de Marx et de Bismarck, le vieux prussien Engels qui, depuis 40 ans, pour assurer la domination de la race teutonne en Europe, excite nos voisins contre nous, traverse nos projets d'alliance, divise la famille latine contre elle-même, conspire à Paris contre la Russie et à Pétersbourg contre la France, fait peur aux Russes de la Révolution et aux Français du moscovitisme ; un internationaliste à part, ce fanatique de Mauser et de Blücher, le collaborateur et le conseiller du grand état-major allemand pour l'adoption et la mise en vigueur des sanguinaires *Règlements sur le service de l'armée allemande en campagne*, dont s'autorisèrent les vainqueueurs pour brûler, piller et violer sur notre territoire ; pour pendre par les pieds, jusqu'à ce que mort s'ensuive, le bûcheron de Vaudancourt ; pour fusiller Lainé et Campigny à Forest ; Debergue à Bougival ; Debordeaux à Pasly ; Létoffé, Dequire et Poulette à Vaurezis et des milliers d'autres.

C'est ensuite un autre prussien, fils d'un sous-officier prussien, Bebel, un névrosé du militarisme prussien, ne rêvant que casernes, canons, instruction du soldat par la social-démocratie, *levées en masses des forces allemandes*, aigles prussiennes cinglant à plein vol sur la terre de France ; Bebel, providence du soldat allemand, chef parlementaire de la fraction du Reichstag dont le chancelier de Caprivi vient de dire qu'il n'y a pas un de ses membres qui ne soit désireux de porter à son plus haut point la puissance militaire d'Allemagne.

C'est encore, pour ne citer que les principaux instigateurs allemands du 1ᵉʳ Mai, le hessois Liebknecht, le complice de Brass et de Lothaire Bücher à la *Gazette générale de l'Allemagne* du Nord, où il faisait en 1862, contre la France, les faux que lui commandaient les agents de M. de Bismarck, Liebknecht ! le Liebknecht de 1871 qui, plus dur que Fritz et plus vorace que le parti militaire, demandait qu'après avoir annexé la France en lui prenant forteresses, ports, colonies et marine de guerre, l'Allemagne l'écrasât encore d'une indemnité de vingt milliards.

TRAVAILLEURS DE FRANCE !

Il faut aussi que vous sachiez qui sont chez vous les complices des Allemands Engels, Bebel et Liebknecht.

Le meneur en chef de la manifestation allemande du 1ᵉʳ Mai, le lieutenant principal des socialistes impérialistes de Berlin en France est un ancien employé de Bonaparte.

C'est le partisan de la soumission à l'Allemagne, le défenseur des faits accomplis sur le Rhin.

C'est l'ex-rédacteur en chef de cette feuille allemande, l'*Egalité* de 1878, qui fut entretenue par l'or du prussien bismarckiste Hœchberg pour tuer en France l'idée de Patrie.

C'est le félon qui se prépare à sauter avec ses amis sur le ministère de la guerre pour assurer la victoire de la triple-alliance, aussitôt que les uhlans auront passé la frontière française.

C'est le Guesde qui se rendit en 1890, au Congrès allemand de Halle en Prusse, pour protester contre l'alliance du peuple russe et du peuple français, et qui reçut pour cette ignominie, en sortant du Congrès, les ovations des feldwebels et des fusiliers du régiment de Magdebourg.

A côté du Guesde et pour le servir et le compléter, la social-démocratie a placé un des gendres du prussien Karl Marx, l'heimatlos Lafargue, cubain pendant la guerre de 1870 pour ne pas combattre sa famille allemande, naturalisé français par M. Ranc, pour appuyer la politique des radicaux, élu député français par l'appoint clérical de Lille, pour faire alliance avec les papistes de l'extrême droite, introducteur de l'anti-patriotisme en France, auteur de : *La Patrie, Keksekça?* où le démembrement de la France est prédit comme chose juste, fatale et imminente.

Travailleurs de France !

Vous connaissez maintenant les conspirateurs allemands du 1er Mai.

Le sentiment généreux de la solidarité internationale ne doit compromettre ni notre cause, ni la sécurité de notre pays.

Le parti socialiste impérialiste allemand n'a pris le nom de social-démocrate que pour mieux dissimuler le rôle intime qu'il joue auprès des grands pouvoirs occultes de l'Allemagne.

Tous les organismes de ce parti, sa presse, sa fraction parlementaire, son comité directeur, ses comités correspondants nationaux et étrangers, ne sont que des annexes de la chancellerie allemande et du grand état-major allemand.

C'est pour servir ces deux pouvoirs que les social-démocrates s'efforcent de gagner à la triple-alliance, les partis socialistes et les écoles de Roumanie, d'Autriche, de Suisse et d'Italie, qu'ils combattent l'idée républicaine à Madrid et fortifient le trône de la reine autrichienne d'Espagne.

On leur dit : Nous échouons en Alsace-Lorraine, nous avons occupé les places fortes, mais les cœurs ne se rendent pas ; et ils envoient des socialistes prussiens guérir Mulhouse de ce que le Guesde et le Lafargue appellent *l'infection du patriotisme.*

On leur dit : La Russie nous gêne ; et les voilà qui, par leurs complices en Allemagne et leurs dupes en France, demandent l'anéantissement immédiat de la Russie, la font couper en deux par leurs reptiles de Vienne et de Berlin ; en trois par la Neue-Zeit de Kautsky et en quatre par le *Parti Ouvrier* d'Allemane.

Leur impudence ne connaît plus d'obstacles. Déjà ils rêvent d'avoir des représentants allemands au parlement français et de culbuter quand il leur plaira les ministres français.

N'avaient-ils pas projeté un coup d'Etat à Paris après la bagarre de Lens ?

Ils voulaient demander compte au gouvernement français de l'expulsion de deux Allemands, le bafouer devant l'Europe, lui tirer les oreilles devant les ambassadeurs des grandes puissances. Le coup était bien organisé, l'enquête terminée, les discours étaient prêts. On devait lancer sur le cabinet, les chevaliers de St-Marx. Au dernier moment le Lafargue a faibli.

Mais c'est partie remise et les conjurés travaillent en dessous.

Liebknecht disait récemment : « Lafargue est le représentant de notre parti à la Chambre des députés de France » ; et le vieil agent prussien Engels, se croyant déjà statthalter de France, écrivait il y a deux jours au Guesde. « A bientôt ! au palais Bourbon ! »

Travailleurs de France !

Souffrirez-vous que les nouveaux barbares vous donnent des lois ?

Méfiez-vous.

Léon XIII va lancer une encyclique. Le chef de l'Eglise va donner la main aux disciples de Karl Marx. C'est le mois de Marie et Guillaume II est à Rome.

Méfiez-vous.

Mettez-vous en garde contre les ennemis de la France et de la Révolution.

Qu'avez-vous besoin des fêtes allemandes ?

Vos pères vous ont fait tant d'anniversaires que vous ne sauriez les célébrer tous.

Tous les jours que vous vivez, même ceux qui rappellent vos deuils et vos défaites sont des jours de gloire.

Hier les Communes soulevées pour proclamer les Droits de l'Homme.

Demain leurs sanglantes funérailles.

Bientôt vos victoires démocratiques et sociales du 14 juillet, du 10 août, du 22 septembre, puis chaque autre mois de l'année une des sublimes épopées républicaines qui ont préparé le triomphe prochain de l'Egalité.

Travailleurs de France !

N'allez pas aux Fêtes allemandes !...

La Libre-Pensée, fille du xviiie siècle et de la Révolution, n'a pas été épargnée par eux; ils l'ont fait outrager par un ancien fonctionnaire de Bonaparte, ...

P. 25

1er MAI 1894

———

Manifeste

DE LA COMMUNE RÉVOLUTIONNAIRE

aux Socialistes Français

———

Citoyens,

Les collectivistes allemands qui vous appellent dans la rue ont fait banqueroute.

Ceux que vous aviez chargés de porter vos revendications politiques et sociales devant le Parlement ont déchiré votre mandat, et vous pouvez apprécier le dommage qu'ils ont fait éprouver à votre cause.

En une session de quelques semaines, ils ont trouvé le moyen de mêler leurs bulletins de vote aux bulletins de vote des seigneurs terriens et de demander le pain cher dans l'intérêt de la grande culture; et, sans qu'un cri de protestation se soit élevé de leurs rangs, ils ont laissé aggraver nos lois pénales, supprimer la liberté individuelle, mutiler nos libertés de la presse et de réunion, et la liberté de la défense, cette garantie sacrée des accusés devant les tribunaux criminels.

La Libre-Pensée, fille du xviiie siècle et de la Révolution, n'a pas été épargnée par eux; ils l'ont fait outrager par un ancien fonctionnaire de Bonaparte, le chrétien catholique Guesde, qui, dans la séance du 19 février dernier, implora les bénédictions de l'Église et se prosterna devant saint Mathieu, son patron, devant saint Luc, saint Marc et saint Jean l'Apocalyptique.

D'autres collectivistes allemands, ceux que vous aviez envoyés à l'Hôtel de Ville, ont fait comme leurs complices du Palais-Bourbon. Pour conserver leur solde, ces défenseurs infidèles de nos libertés municipales ont fait disparaître le dernier vestige d'autonomie que nous avait laissé la Commune. Ils ont livré la Maison du Peuple au pouvoir central institué par l'ancienne dictature impériale. Depuis un mois ils ne sont plus les représentants de Paris : ils sont les frotteurs du préfet de la Seine.

Ces collectivistes vous demandent aujourd'hui de vous joindre à eux avec les processions de vos Syndicats et de vos groupements politiques. Dans quel but?

Est-ce pour que vous alliez ensemble réclamer vos droits à la propriété, à l'Égalité, à la Liberté individuelle, vos droits d'hommes et de citoyens, proclamés par vos pères de 89 et de 93 ?

Non ! Pour que vous demandiez aux Chambres législatives de limiter à huit heures la journée de travail de l'esclave moderne.

Il y a longtemps, il y a bientôt cinq années que l'inanité de cette prétendue réforme leur a été démontrée; mais ils ne veulent rien entendre.

On a beau leur expliquer que l'expérience patronale de cette grande maison anglaise Haley et Legree, qui produit davantage avec une moindre main-d'œuvre, se retourne contre eux, puisque les Trois-Huit ont pour but principal de faire travailler davantage de bras; puisqu'il est certain, d'ailleurs, que dans dix ans Haley et Legree seront milliardaires, tandis que leurs ouvriers décorderont de vieux câbles dans les workhouses du Royaume-Uni ! A ces objections, comme à toutes autres, ils n'ont qu'une seule et monotone réponse : — Huit heures !

Le travail manque et les ouvriers meurent de faim en Australie, à Sydney, là même où les Trois-Huit sont légalement établis : — Huit heures !

Vienne, Linz, dix autres villes d'Autriche ont vu disparaître totalement certaines industries : — Huit heures !

L'ouvrier italien voudrait travailler pour sept sous par jour, et son pays ne peut pas lui fournir une journée de travail : — Huit heures !

Dans plusieurs provinces d'Espagne, les ouvriers agricoles mangeaient, il y a deux mois, les jeunes pousses d'herbe dans les champs, comme autrefois les paysans du Devoluy : — Huit heures !

Le mal économique européen a gagné les États-Unis d'Amérique : du Maine à l'Oregon et du Texas au Lincoln, la vie industrielle et commerciale est arrêtée. La marine marchande a désarmé. On n'importe plus, on n'exporte plus. Le coton pourrit sur le froment dans les docks. Le yankee est obligé à manger lui-même son porc salé et ses conserves ; et les rois du fer, assis devant leurs fournaises éteintes, semblent des milliers de Marius sur les ruines de milliers de Carthages.

Victime désespérée d'un si grand désastre, le travailleur américain ne vit plus que de fruits sauvages et d'aumônes : — Huit heures, encore et toujours huit heures !

Citoyens,

Nous le répétons, c'est la banqueroute du collectivisme allemand ; c'est son écrasement complet et définitif, et ce sera peut-être votre salut.

Ce sera votre salut si vous voulez enfin considérer que ce n'est plus l'esprit de la Révolution française qui inspire la majorité des partis socialistes français ; que, par l'effet de machinations anti-républicaines et anti-françaises, ces partis se sont laissé insensiblement conduire où il a plu à l'Allemagne de les conduire : au scepticisme, à l'anti-patriotisme et à la contre-Révolution.

Leurs chefs d'école sont Allemands.

Leur programme esclavagiste est allemand.

Et leurs députés sont les élus de l'or allemand.

L'occasion se présente de montrer que vous restez des hommes libres : c'est d'ignorer la mascarade du 1er Mai ; c'est de dédaigner les députés dont les fonds électoraux étaient des coupons de valeurs prussiennes, et qui vous appellent sur le pavé de Paris comme la chanterelle appelle l'oiseau sous le fusil du chasseur.

Est-ce que vous vous sentez des sympathies pour le principal agent du pangermanisme en Europe, le chef actuel du teutonisme, l'officier socialiste prussien Engels, qui, depuis dix-huit mois, conseille à la Triple-Alliance d'imposer à la France le désarmement, pour qu'elle soit ouverte à l'invasion, ou de tomber sur elle et de l'étrangler sur-le-champ si elle ne désarme pas ?

Est-ce que vous allez mettre vos mains dans les mains de ces social-démocrates que Caprivi remercie de leur concours ; qui demandent que l'armée allemande soit immédiatement augmentée d'un million d'hommes, et qui se préparent fiévreusement et sans discontinuité à la guerre de demain, la guerre finale, qu'au Reichstag ils appellent la « guerre gigantesque » ?

Le socialiste allemand et député au Reichstag Hasenclever, qui servit en qualité de sous-officier contre la France, se conduisit chez nous comme un brigand. Or, les treize sous-officiers socialistes qui sont membres du Reichstag viennent de dire à cette assemblée : « Nous ferons comme Hasenclever. »

Ces mêmes socialistes viennent de jurer à leurs officiers, les von Roon et les von Manteuffel, qu'ils seront fiers de les remplacer dans le commandement des compagnies et des sections lorsqu'il faudra combattre contre la France.

Est-ce que vous allez échanger des compliments avec ces valets de la noblesse militaire prussienne ?

Singer demandait, il y a trois semaines, la construction de nouvelles casernes ; allez-vous lui dire : « Bravo, camarade ! »

Bebel et Liebknecht recommandent aux ouvriers italiens de célébrer chaque lundi de Pâques les Vêpres Siciliennes ; allez-vous leur crier : « Merci, frères ! »

CITOYENS,

Savez-vous pourquoi l'Europe est inquiète aujourd'hui et a peur pour demain ; pourquoi la crise économique s'aggrave ; pourquoi le chômage est périodique et la misère permanente ?

Parce que nous sommes seuls à lutter pour l'affranchissement du Travail ; parce que notre race a fait dix révolutions et que notre voisine, la race teutonne, n'en a fait aucune et est bien décidée à n'en faire jamais ; parce que le socialiste allemand est un soudard allemand qui ne nous connaît pas, ne nous comprend pas, n'a pas nos sentiments d'indépendance et de dignité, qui n'aime nos révolutions que pour les vides qu'elles font et qu'il remplit dans nos ateliers ; qui sait que nous tenons le masque pour la cervelle ; qui se pare de nos idées pour nous mystifier, comme à la guerre il se sért de nos costumes et de nos sonneries pour nous mieux sabrer, et qui veut nous faire prendre la couronne de fer de Guillaume pour le bonnet de Marianne.

CITOYENS,

Assez de fraternité criminelle à force d'être niaise!

A l'œuvre enfin pour vous-mêmes !

Consacrez-vous tout entiers aux intérêts de la France et à l'achèvement de sa Révolution !

Ayez en égale horreur l'Internationale noire qui veut sauver Rome pour perdre la France ; la grise qui dit par le gentilhomme angevin La Bourdonnaye : « *Kèkça-fait* qu'un Anglais *jingo* soit chargé de la défense de la France? » et la rousse qui demande par le Cubain Lafargue : « *Kèksèkça* la Patrie et la Nationalité française? »

CITOYENS,

Ne fêtez pas le 1er Mai !

Laissez passer la descente de Berlin!

Laissez passer la provocation allemande!

TABLE

. . . . qui reçut pour cette ignominie,
les ovations des feldwebels et des fusiliers du régiment
de Magdebourg.... p 20